주님의 평강이

함께 하시길 기도하며

_______________ 님께

이 소중한 책을 드립니다.

두려워하지 마십시오

엮은이 | 편집부
발행인 | 김용호
발행처 | 나침반출판사

제1판발행 | 2009년 1월 15일

등 록 | 1980년 3월 18일 / 제 2-32호
주 소 | 110-616 서울 광화문 사서함 1641호
전 화 | 본 사 (02)2279-6321~3
         영업부 (031)932-3205
팩 스 | 본 사 (02)2275-6003
         영업부 (031)932-3207

홈페이지 | www.nabook.net
이 메 일 | nabook@korea.com
         nabook@nabook.net

ISBN 978-89-318-1392-0
책번호 마-1033

값은 뒷표지에 있습니다.

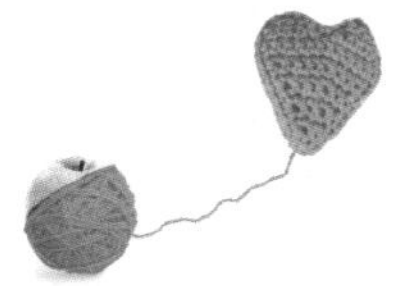

두려워하지 마십시오

나침반

두려워하지 마십시오

지식에 절제를, 절제에 인내를, 인내에 경건을, 경건에 형제 우애를, 형제 우애에 사랑을 더하라 이런 것이 너희에게 있어 흡족한즉 너희로 우리 주 예수 그리스도를 알기에 게으르지 않고 열매 없는 자가 되지 않게 하려니와(디모데후서 1:6~8)

무엇을 두려워하십니까?

「두려움」이란 "경고, 불안, 무질서에 대하여 우리 정서의 내부에 야기된 고통스러운 감정"을 뜻합니다.

다시 말하면 두려움이란 우리가 처한 모든 불쾌한 상황에 대해 우리들이 나타내는 정서적 반응을 말합니다.

그런데 성경에서 이 두려움의 문제를 문제 삼는 가장 중요한 이유는, 우리가 두려워하고 있는 대상 그 자체보다도 두려움이라는 감정

이 가진 파괴적인 위력 때문입니다.

즉 '직업을 잃어버릴 것을 두려워한다.'고 할 때, 직업을 잃어버린다는 사실보다도 직업을 잃어버릴 것을 두려워하는 그 두려움 자체가 우리의 삶 속에 미칠 수 있는 파괴적인 영향력이 큰 문제입니다.

유럽에 한참 콜레라와 같은 염병이 유행하던 때가 있었습니다.

문자 그대로 유럽 대륙에 살고 있던 모든 사람들이 이 염병과 질병을 두려워하는 깊은 공

포감에 휩싸여 있었습니다.

그때 한 작가는 그 당시 사람들의 마음 속에 있는 두려움을 풍자하여 이런 이야기를 만들어냈습니다.

어떤 농부가 어느 날 마차를 타고 도시를 향해서 가고 있었습니다. 길을 가던 중 어떤 부인이 손을 들어서 마차에 태워줄 것을 요청했습니다.

그래서 그 부인을 자기 옆에 태웠습니다.

그 부인은 얼굴을 가리고 있었습니다.

마차를 타고 가는 동안에 농부가 물었습니다.

"실례지만 이름을 여쭤봐도 되겠습니까?

어디에서 오셨습니까?"

"꼭 내 이름을 알아야 하겠소?"

"네, 궁금하군요. 처음 뵙는 분이라… 누구십

니까?"

부인이 대답을 했습니다.

"나는 콜레라요."

"왜 하필이면 이 도시에 들어가려고 합니까?

지금 너무나 많은 사람들이 이미 당신 때문에 죽어간 사실을 모르십니까? 제발 마차에서 하차하시오."

이렇게 농부가 사정을 하자 이 부인이 말합니다.

"나는 이번에 꼭 열 명만 죽이겠소. 그러니 당신과의 동행을 허락하시오."

"아니! 그러지 말고 내리시오."

"이번에는 꼭 열 명만 죽일 것이요. 그러나 당신만은 안 죽일터이니 염려하지 마시고 계속 가시오."

농부는 할 수 없이 마차를 몰고 성문에 도착

했습니다.

그런데 벌써 성 앞에 수많은 시체들이 즐비

하게 드러누워 있습니다.

수천 명이 죽어 있었습니다.

농부는 화를 냈습니다.

"콜레라 부인! 약속이 틀리지 않소,

열 명만 죽이겠다고 하고서 이 수많은 시체

가 웬말이오."

이때 부인이 이렇게 대답했습니다.

"나는 아직 한 사람도 죽이지 않았소. 이 사

람들은 내가 온다는 소식을 듣고 미리 다 죽어

버린 사람들이오."

이 풍자적인 이야기는 우리가 두려워하고

있는 대상 그 자체보다도 그 대상에 대한 두

려움이 얼마나 우리의 삶을 파괴하며 약탈할

수 있는지 두려움의 질병의 무서움을 설명하

는 한 에피소드(episode)입니다.

인간은 태어나자마자 이 공포를 경험합니다.

 두려워하지 마십시오

그래서 심리학자들은 인간이 태어나서 최초로 경험하는 감정이 바로 두려움이라고 말합니다.

높은 곳에서 떨어지는 두려움, 큰 소리에 대한 두려움, 버림받음에 대한 두려움, 이것은 처음부터 인간에게 다가오는 가장 무서운 두려움입니다.

근세까지만 해도 사람들은 지구가 네모나고 믿어 왔습니다.

그래서 열심히 여행을 하다보면 지구 끝에는

낭떠러지가 있을 것이라고 생각했습니다.

지도를 만들던 사람들은 땅의 모습을 네모나게 그린 다음에 지구 끝에 큰 낭떠러지가 있는 것으로 그림을 그리곤 했습니다.

"내가 계속해서 지구의 끝을 향해 가면 나는 떨어질 것이다. 그리고 큰 용에게 삼키움을 당할 것이다"라는 확인되지 않은 두려움 때문에 인류는 지구 끝까지 여행을 계속하는 일을 주저했습니다.

그래서 과거의 역사에는 지구의 많은 부분이 버려진 채 알려지지 않은 대륙으로 숨겨져 있

 두려워하지 마십시오

었습니다.

　두려움은 인간의 전진을 가로막습니다.

　또 이 두려움이 과학의 전진을 방해하고 있

었던 것도 사실입니다.

　뿐만 아니라 이 두려움은 오늘날 개인의 전

진을 막습니다.

　개인의 성숙을 막습니다.

　우리의 인격적인 전진을 가로막습니다.

당신은 무엇을 두려워하십니까?

왜 두려워하십니까?

건강을 잃어버릴 것을 두려워하십니까?

하나님이 내게 맡겨 주신 사명을 제대로 이행하지 못하고 별볼일 없이 세상을 떠날 것을 두려워하십니까?

아니면 대낮에 길을 걷다가 불길한 사고를 당해 생명이 떠날 것 같은 두려움이 밀려오십니까?

의사의 갑작스러운 진단 앞에 내 생명이 허무하게 끝날 것을 두려워하십니까?

경제불황을 두려워하십니까?

사람이 두렵습니까?

무엇을 두려워하십니까?

바울 사도가 자기의 사랑하는 제자인 디모데의 마음 속에 아직까지도 두려움이 실존하는 모습을 보았습니다.

이 두려움이 디모데의 성장을, 디모데의 전진을, 디모데의 삶의 힘찬 발전을 방해하고 있는 모습을 어느 날 보게 된 것입니다. 그래서 바울은 사랑하는 아들 디모데에게, 믿음의 제자인 디모데에게 편지를 씁니다.

"하나님은 우리에게 두려움을 주시지 않는다. 두려움은 하나님에게로부터 온 것이 아니고, 하나님은 우리에게 능력과 사랑과 근신하는 마음을 주신다."

"그러므로 내가 나의 안수함으로 네 속에 있는 하나님의 은사를 다시 불일듯하게 하기 위하여 너로 생각하게 하노니"(6절)

이 말씀은 바로 이런 뜻입니다.

"내가 너를 안수할 때 네가 부르심을 받아 하나님의 일을 시작했을 때 네 마음에는 두려움을 극복하고 승리롭게 살 수 있는 선물이 이미 주어졌다.

하나님의 은사를, 혹은 성령의 선물을 주셨다.

그런데 네가 그것을 망각하고 있다.

하나님이 네게 준 선물을 생각하고 그 선물을 활용하기만 하면 이 두려움을 극복하는 놀라운 삶을 살 수 있는데 너는 지금 두려움의 포로가 되어 네 삶의 힘을 빼앗기고 축 늘어져서

전진하지 못하고 있구나.”

이것이 바로 디모데를 향한 바울의 충고였습
니다.

우리는 살아가는 동안 숱한 유형의 두려움을
경험하고 있습니다. 하나의 두려움을 비키면
또 하나의 두려움이 우리를 엄습합니다.

인도 설화에 이런 이야기가 있습니다. 어떤
마술사 한 사람이 쥐 한마리를 관찰합니다.

그런데 이 쥐가 얼마나 두려워하는지 벌벌 떱니다. 이 쥐가 가장 두려워하는 대상은 고양이입니다.

한참 동안 쥐를 관찰하던 마술사에게 쥐가 불쌍하게 생각되었습니다.

그래서 마술을 부려서 쥐가 고양이가 되게 하였습니다.

그런데 변신한 고양이는 또 두려워하기 시작합니다.

이번에는 개를 두려워하기 시작합니다.

더 불쌍하게 느낀 마술사는 다시 한번 마술을

사용해서 이 고양이를 개가 되게 하였습니다.

그런데 개가 된 이 고양이는 개가 되자마자 또 두려워하기 시작합니다.

이번에는 호랑이를 두려워합니다.

불쌍하게 여긴 나머지 또 한번 마술사는 마술을 일으켰습니다. 그래서 이 개를 호랑이로 변신시켜 주었습니다.

호랑이는 또 무서워하기 시작합니다.

이번에는 사냥꾼의 엽총을 두려워하기 시작합니다.

그래서 이 마술사는 모든 것을 포기하고 선

 두려워하지 마십시오

언합니다.

"내가 아무리 해보았자 이 두려움이 끝나지 않으므로 너는 별 수 없는 쥐새끼다. 다시 쥐로 돌아가라."

이 설화는 우리가 살아가는 동안 끊임없이 엄습해 오는 두려움 앞에 피하지 못하고 비틀거리는 인간의 모습에 대한 하나의 상징입니다.

당신은 무엇을 두려워하십니까?

바울은 사랑하는 제자 디모데에게 이렇게 말

합니다.

"하나님이 우리에게 주신 것은 두려워하는

마음이 아니다."

하나님은 우리를 두렵게 하지 않으십니다.

두려움이란 인간이 하나님을 떠나는 데서부

터 시작되는 것입니다.

처음 사람이 하나님을 불신하고, 불순종하

고, 범죄하고 선악을 알게 하는 나무의 열매를 통해서 하나님을 배신하고 떠나자마자 하나님이 아담을 찾아오십니다.

그리고 도망치는 아담을 향해서 이렇게 묻습니다.

"아담아, 네가 어디 있느냐."

이때 아담이 대답합니다.

"내가 두려워하여…"

이 순간부터 두려움은 시작되었습니다.

오늘의 현대인들도 여전히 이 두려움 속에서 자유하지 못하고 있습니다.

그렇다면 이 두려움은 어떻게 극복될 수 있을까요?

여기에 복음이 있습니다.

우리가 주를 신뢰하는 순간 사랑하는 당신의 자녀들의 마음 속에 두려움을 극복할 수 있도록 하나님은 세 가지의 놀라운 선물을 주셨습니다.

첫째는 능력,

둘째는 사랑,

셋째는 근신하는 마음입니다.

이 세 가지는 두려움에 대한 하나님의 치유의 처방입니다.

1)능력

우리가 두려움을 이기고 살 수 있도록 하나님은 우리에게 능력을 부여하십니다.

이것은 단순히 우리의 삶 속에 어떤 문제를 제거하는 능력이나, 문제로부터 우리를 자유케 하는 능력만이 아닌 보다 깊은 의미를 내포하고 있는 능력입니다.

언어학자 로버슨은 바울 사도가 능력이라는 말을 사용할 때 그 능력의 의미를 이런 식으로 풀이했습니다.

"그 능력은 사실을 사실대로 바라보게 하고, 그 다음에 사실을 사실 그대로 직면하여 나를 둘러싸고 있는 모든 어두운 현실이나 그 사실에도 불구하고 의무를 여전히 수행하는 능력이다."

이것은 능력의 개념에 대한 아주 올바른 정의입니다.

"내게 능력주시는 자 안에서 내가 모든 것을 할 수 있느니라"(빌 4:13)

우리는 이 말씀을 인용할 때 즉각적으로 이

런 생각을 합니다.

"내가 이 말씀을 믿으면, 아니 이 말씀을 주신 하나님을 신뢰하면 인간에게 있어서 모든 문제는 사라진다."

그러나 그런 이야기가 아닙니다.

이 빌립보서 4장 13절의 올바른 이해는 4장 12절의 이해가 없이는 불가능한 것입니다.

"내가 비천에 처할 줄도 알고 풍부에 처할 줄도 알아 모든 일에 배부르며 배고픔과 풍부와 궁핍에도 일체의 비결을 배웠노라"(빌 4:12)

12절과 13절의 말씀을 이어져 해석하면 이렇게 됩니다.

"나는 가난에 처할 줄도 안다.

또한 부요함에 처할 줄도 안다.

배고픔에도 풍부에도 처할 줄을 안다.

그리고 이 모든 상황 속에서 자족하는 능력을 배웠다.

능력주시는 자 안에서 나는 모든 것을 할 수가 있다."

하나님을 신뢰하면 가난한 사람이 단숨에 부자가 된다는 약속을 하고 있지 않습니다.

"나는 배고플 때도 있었다.

하나님을 섬기고 주를 전파하는 나에게도 가

난이라는 쓰라린 시간이 있었다.

그러나 그때도 나는 비굴하지 않았다.

나는 하나님을 신뢰했다.

하나님은 나로 생존이 가능하게 하셨으며 또

한 하나님을 바라보고 가난한 중에서도 마음

속에 신앙이 흔들림 없이 승리하도록 만들었

으며, 그리고 한걸음 더 나아가 그 중에서도 하

나님이 내게 맡겨 주신 복음전파의 의무를 수

행할 수 있도록 나를 도우셨다."

현대인들에게 신앙적으로 깊은 감동을 준 네덜란드의 코리텐붐 여사는 독일의 나치에 의해서 말할 수 없는 핍박을 받았습니다.

그리고 전쟁이 끝난 후에 독일인과 전 세계 사람들에게 하나님의 사랑을 증언하는 일에 놀랍게 쓰임을 받았습니다.

이 분의 자서전에 이런 이야기가 나옵니다.

코리는 경건한 신앙의 어머니에 의해서 양육

을 받았습니다.

네덜란드의 많은 사람들이 독일의 핍박과 박

해를 받고 있었을 때 한 순간도 마음이 놓이지

못한 채 코리도 어렴풋이나마 죽음이라는 것

이 두려워지기 시작했습니다.

그래서 어느 날 엄마에게 이렇게 물어습니다.

"엄마! 나 죽으면 어떻게 돼요?

어떻게 죽을 수가 있어?"

아이가 이렇게 묻는 물음에 지혜로운 코리

의 어머니는 죽음이라는 것이 피할 수 없는

삶의 명제인 것을 알았기에 이렇게 대답을 해

줍니다.

"코리야, 엄마하고 너하고 기차를 탈 때 언제

엄마가 너에게 기차표를 주었지?"

"기차타기 직전이었지요."

"맞았어 코리. 네가 죽을 때는 죽을 수 있는

능력을 하나님이 너에게 주신단다."

이것은 현실을 도피하지 않으면서 현실을

직면하게 만드는 지혜로운 어머니의 충고입

니다.

불란서의 루이 15세는 신하들이 자기 앞에서 "죽음"이라는 말을 떠올리기만 하면 무조건 그들을 감옥에 보냈습니다.

이 이야기를 바꾸어 말하면, 그는 그만큼 죽음을 두려워하고 있었다는 이야기입니다.

그러나 그것이 이 사람의 삶을 죽음 앞에서 자유롭게 만들 수는 없었습니다.

그것은 도피이지 해결은 아닙니다.

그러나 반대로 로마의 어떤 황제는 신하들에게 문안을 할 때는 "폐하여! 죽음을 기억하시오" 라고 말하도록 충고했습니다.

그는 차라리 죽음을 직면하며 죽음 앞에서 의연한 삶을 살았습니다.

두려움으로부터 도피는 문제의 해결에 아무런 도움이 되지 못합니다.

현실을 직면해야 합니다.

현실을 직면할 때 하나님의 능력이 주어집니다.

"하나님이 우리에게 주신 것은 두려워하는

마음이 아니요 능력이다."

　많은 경우 우리는 일을 하기도 전에 두려움 때문에 시도하지 못하고 포기하고 맙니다. 그래서 성취되지 못한 일들이 많습니다.

　실패에 대한 두려움, 실패하면 사람들이 나를 욕하고 비웃지 않을까 하는 사람들의 경멸과 조롱에 대한 두려움 때문에 우리는 시작하지도 않고 절망합니다.

본문의 메시지는 무엇입니까?

한마디로 하나님이 우리에게 능력을 주셨다

는 것입니다.

당신은 주 안에서 정말 바람직한 삶의 의무

를 발견하셨습니까?

그 일을 하기를 원하십니까?

하나님은 이것을 발견하고 원하는 자에게 그

일을 수행하도록 능력을 주십니다.

내가 예수를 믿고 하나님의 일을 한다는 사실이 곧 내 삶 속에서 단숨에 모든 불안과 장애물을 제거해 줌을 보장하지는 않습니다.

주님을 섬김에도 불구하고 여전히 내 삶의 거리에 장애물과 두려움이 있을 수 있습니다.

그러나 주의 능력으로 우리는 그 일을 수행할 수 있습니다.

사실 알고 보면 아무도 두려울 것은 없습니다.

두려움이 생기는 큰 원인 가운데 하나는 '알지 못하는 막막함' 입니다.

'알 수 없는 미래' 때문에 우리는 두려워합

니다.

그 미래 앞에 다가가 보면 별것이 아닌데도

두려워하고 있습니다.

시작도 안 하고 두려워합니다.

유진 오닐이라는 그리스도인 극작가가 쓴 책

가운데 「나사로가 웃었다」는 책이 있습니다.

책의 내용은, 나사로가 부활한 후에 나사로

나 그의 식구들이 삶에 대한 관점이 어떻게 달

라졌는가 하는 재미있는 소재를 취급하고 있습니다.

그 중에 제일 인상적인 구절은 이런 구절입니다.

"그는 더 이상 두려워하지 않았다."

죽어보니까 죽음이 별것 아니라는 이야기지요.

그러나 우리가 죽지 않았다는 사실 때문에 그 죽음에 대한 신비가 우리를 더 깊은 공포와 절망 앞에 서게 합니다.

놀라운 사실은 우리가 하나님을 알자마자 주

께서 내가 가보지 못한 미래를 보여주신다는 것입니다.

죽음 저 건너편의 세계를 보여주십니다.

삶의 정체를 보이십니다.

성경을 통해서 하나님을 알고 하나님의 능력을 붙잡는 순간 우리는 더 이상 이 세상에 있는 아무것도 두려워할 것이 없다는 사실을 발견하기 시작합니다.

그리고 내가 두려워할 때마다 그분은 내 곁에 다가오십니다.

그리고 말씀하십니다.

"두려워하지 말라."

2)사랑

두 번째 처방은 '사랑'입니다.

현대의 유명한 정신분석학자인 메닝거는 두

려움의 원인을 분석하는 가운데 이런 이야기

를 했습니다.

"왜 우리가 두려워하는가, 그 중요한 이유는

우리가 너무 자신에 몰두하기 때문이다."

'나는 어떻게 살아야 하는가?'

'내가 죽으면 어떻게 될 것인가?'

'암진단을 받으면 나는 어떻게 될 것인가?'

'내 자식들은 나를 어떻게 대접할 것인가?'

이런 모든 두려움은 자기 자신에 대한 지나

친 몰두에서부터 증가됩니다.

그러면 어떻게 우리는 자신에 대한 몰두에서

부터 벗어날 수 있습니까?

그 대답은 사랑입니다.

사랑할 때 우리는 자신에 대한 몰두에서부터 해방되기 시작합니다.

사랑한다는 것은 시선을 나 중심에서부터 사랑하는 대상으로 옮겨가는 것을 말합니다.

내가 누군가를 사랑하기 시작하는 순간 나는 그를 생각하기 시작합니다.

그리고 그를 어떻게 기쁘게 할 것인가, 그를 어떻게 섬길 것인가를 묻기 시작합니다.

사실 이것이야말로 아가페적 사랑의 심장입니다.

본문에 나타난 사랑은 아가페의 사랑입니다.

"사랑은 자신의 유익을 구치 아니하고."

누군가를 참으로 사랑할 때 시선은 나를 떠나 사랑하는 대상에게 옮겨집니다.

이때부터 우리는 이기심의 영역을 뛰어넘습니다.

그때부터 우리는 두려워하지 않게 됩니다.

사랑하면 두려움을 극복합니다.

　중국에 선교의 문을 열었던 허드슨 테일러가

어느 날 고국에 돌아와서 젊은 선교사 후보들

을 접견하게 되었습니다.

　선교지에 더 많은 선교사 후보가 필요했기

때문입니다.

　그래서 선교사 지망생들에게 이런 질문을 던

졌습니다.

　"그대들은 무엇 때문에 선교사로 중국에 가

려고 하십니까?"

어떤 청년이 대답했습니다.

"중국에 있는 수많은 영혼들이 멸망을 향해서 가고 있기 때문입니다."

또 어떤 청년이 대답했습니다.

"그것이 중국을 변화시킬 수 있는 유일한 길이기 때문입니다."

어떤 사람은 이렇게 대답합니다.

"저는 하나님의 영광을 위해서 가기를 원합니다."

그 대답을 다 듣던 허드슨 테일러가 대답합

 두려워하지 마십시오

니다.

　"여러분은 대답 모두가 다 틀린 것은 아니지만, 그 대답만으로는 부족합니다.

　그 대답은 당신들이 삶의 역경과 선교의 어려움 속에 크게 부딪히면 흔들리고 말 것입니다.

　이 대답을 듣자 그 중에 한 지망생이 허드슨 테일러에게 이렇게 되물었습니다.

　"그렇다면 선교사님은 무슨 동기로 중국에 가셨습니까?"

　이때 그가 이런 답변을 했습니다.

　"내게 있어서는 한 동기밖에는 없습니다.

그들을 사랑해서입니다.”

우리는 이런 이야기를 흔히 합니다.

“여자는 약하나 어머니는 강하다.”

이 말을 하는 우리의 의가 무엇입니까?

우리가 어머니가 된 그 순간 여성은 사랑할

수 있는 구체적인 한 대상을 갖기 시작합니다.

그는 자식입니다.

그리고 자식을 사랑하기 위해서 이제 어머니

는 어떤 희생도 감수할 각오가 되어 있습니다.

이 사랑이 여인을 강하게 한 것입니다.

이 사랑이 모든 두려움을 극복하게 만듭니다.

사랑하는 아들과 딸을 위해서는 무엇이라도 할 수 있다는 비장한 용기가 생깁니다.

왜 두려워하십니까?

두려워한다는 것은 바꾸어 말하면 사랑하지 않고 있다는 이야기입니다.

참으로 하나님을 사랑하고, 주께서 나에게 맡기신 그 일을 사랑하고, 맡기신 사람들을 사랑하고, 사랑하는 일에 자신을 던지고 있는 사람들에게는 두려움은 차라리 사치와 낭비에 불과한 것입니다.

사랑함으로 내게 맡겨진 과제와 사람 앞에 몰두하며 삶을 살고 있는 한 우리는 두려워할 여유조차 없습니다.

당신은 왜 두려워하고 있습니까?

자문해 보십시오.

혹시 나는 사랑을 기피하고 있기 때문은 아닌가 하고.

디모데는 아직 어렸습니다.

또 그에게는 병이 있었습니다. 몸이 유약했습니다.

"바울이 떠나면 내 앞일에 어떤 일에 생길 것인가?" 하고 그는 사역에 대한 두려움의 포로가 되어서 그 자리에 주저앉아 있었습니다.

그래서 바울은 디모데를 향해서 이렇게 말합니다.

FE
AR

"하나님이 우리에게 주신 것은 두려움이 아니야, 그것은 능력이고 사랑이야. 사랑하라."

사랑은 이미 하나님께서 우리에게 주신 선물입니다.

사실 사랑은 구할 필요도 없습니다.

당신이 거듭난 그리스도인이라면 하나님은 당신 안에 이 은사를 이미 주셨기 때문입니다.

"성령으로 말미암아 하나님의 사랑이 우리 마음에 부은 바 되었느니라"(롬 5:5)

우리가 주 앞에 오는 순간, 십자가 앞에 무릎

을 끓는 순간, 예수님을 나의 주 나의 하나님으

로 받아들인 그 순간 하나님께서는 당신과 저

의 마음 속에 사랑을 주셨습니다.

그러므로 우리는 내게 사랑이 있다는 사실을

생각해야 합니다.

그리고 그 사랑을 활용하십시오.

사랑하려고 하십시오.

그때부터 두려움이 떠나기 시작합니다.

사도 요한은 이렇게 약속합니다.

 두려워하지 마십시오

"사랑 안에 두려움이 없고 온전한 사랑이 두려움을 내쫓나니 두려움에는 형벌이 있음이라 두려워하는 자는 사랑 안에서 온전히 이루지 못하였느니라"(요일 4:18)

당신은 두려워하고 있습니까?

3)근신하는 마음

바울 사도의 세 번째 처방은 "근신하는 마음"입니다.

　　"근신하는 마음"은 참으로 번역하기가 어려운 말입니다.

　　본래 이 말의 올바른 뜻을 다 종합하면 이런 뜻이 됩니다.

　　「어떤 상황에서도 자제력을 잃지 않고, 내가 무엇을 해야 할 것인가를 판단할 수 있는 지혜로운 마음의 상태」

　　"우리가 만일 미쳤어도 하나님을 위한 것이요 만일 정신이 온전하여도 너희를 위한 것이니"
(고후 5:13)

여기에서 "정신이 온전하여도"라는 말이 근신하는 마음과 꼭같은 뜻입니다.

"너희가 마땅히 생각해야 할 그 이상의 생각을 품지 말고 지혜롭게 생각하고"(롬 12:3)

근신하는 마음을 다른 말로 가장 근사치로 바꾼다면 "지혜로운 생각"이라고 할 수 있습니다.

그 낱말 자체가 지혜라는 뜻은 아니지만 가장 근사치의 의미가 지혜입니다.

하나님이 우리에게 두려움을 극복하고 살아

가도록 주신 선물은 "능력과 사랑과 지혜"라고

말할 수 있습니다.

이 지혜가 왜 소중합니까?

두려움이 찾아오게 되면, 우리 마음이 두려

움에 사로잡히게 되면 우리는 제일 먼저 자제

력을 상실하게 됩니다.

어쩔 줄을 모릅니다. 무엇을 해야 할지를 모

릅니다.

그래서 우리는 "하나님, 이 고난을 없애 주세요. 이 시련과 역경을 없애 주세요."라고 기도합니다.

그러나 이런 기도는 무의미한 것입니다.

대신 우리는 이렇게 기도해야 합니다.

"하나님, 이 상황에서 제가 어떻게 해야 옳습니까?"

이것이 지혜입니다.

이 지혜가 삶에서 내가 가는 출구를 열어 주며, 내 삶을 발전시키고, 내 삶을 변화시킵니다.

그런데 우리는 중요한 기도를 망각합니다.

그래서 성경은 하나님이 우리에게 두려움을 극복하도록 주신 놀라운 선물 가운데 하나가 "지혜"라고 말씀합니다.

성경은 "후히 주시고 꾸짖지 아니하시는 하나님께 지혜를 구하라"고 합니다.

하나님께서는 이미 이 지혜를 주셨습니다.

종교개혁 시대에 스코트랜드에 갑자기 핍박이 오기 시작했습니다.

그리스도인들의 숫자가 늘어나자 기독교를

반대하던 세력들에 의해서 기독교 박해가 국

법으로 선포된 그런 때가 있었습니다.

그래서 교회나가는 것이 금지된 것은 물론

이요,

특별히 성찬식에 참여하면 그것은 가장 무서

운 범죄로 간주되었습니다.

특별히 그리스도인들의 성찬식은 믿지 않

는 사람들에 의해서 제일 많은 오해를 받았습

니다.

예수믿는 사람들은 다 피를 좋아하고 피를

기념한다는 소문이 떠돌아서 이것 때문에 많

은 그리스도인들이 오해를 받았습니다.

　그 시대에 한 소녀가 어느 날 성찬식에 참여

하기 위해서 길을 가다가 파수하고 있던 군인

에게 붙잡힙니다.

　군인이 소녀를 잡자마자 이렇게 묻습니다.

“너! 어디 가니?”

　이때 소녀의 마음 속에서 선의의 거짓말을

하고 싶은 충동이 일어났지만 선의의 거짓말

 두려워하지 마십시오

까지도 하나님 앞에서 하고 싶지 않은 순결함

때문에 이 소녀는 잠시 기도합니다.

"하나님, 어떻게 대답하면 좋습니까?"

이때 하나님께서 지혜를 주셨습니다.

"저는요, 얼마 전에 제 큰 오빠가 돌아가셨

어요. 그래서 오늘 저녁 가족들이 다 모여서 큰

오빠의 유언장을 읽기로 했어요.

오늘은 큰 오빠를 기념하기로 작정한 날이에

요."

이 대답이 끝나자마자 군인이 빨리 가보라고

합니다.

예수님이 하나님을 통해서 기도하실 때마다 어떻게 기도하십니까?

"아버지"라고 기도합니다.

이 소녀도 기도할 때 "아버지"라고 말합니다.

그렇다면, 이 소녀와 예수님의 촌수는 큰 오빠가 됩니다.

큰 오빠가 돌아가셔서 큰 오빠의 유언장인 성경 말씀을 낭독하는 날입니다.

그리고 큰 오빠의 죽음을 기념하는 날입니다.

그녀는 참말을 했습니다.

당당히 이 고난 속에서도, 빠져나가기 어려

운 이 상황 속에서도 참말을 하고 당당하게 살아 남을 수 있는 이 놀라운 예지, 그 예지를 주님이 주셨습니다.

왜 지혜를 안 구하십니까?

왜 쉽게 타협하십니까?

왜 두려워하십니까?

주께서 말씀하십니다.

"하나님이 우리에게 주신 것은 두려워하는 마음이 아니요 오직 능력과 사랑과 근신하는 마음이니"

8절의 결론을 보십시오.

"그러므로 네가 우리 주의 증거와 또는 주를 위
하여 갇힌 자 된 나를 부끄러워 말고(사랑하는
디모데여) 오직 하나님의 능력을 좇아 복음과
함께 고난을 받으라"

인생의 우선순위가 확립된 사람들에게 있어
서는 그것 이외에는 아무것도 내 신념을 흔들
길이 없습니다.

나를 십자가의 사랑을 통해서 구원하신 예수
님의 놀라우신 복음, 죄에서부터 자유를 주고,

나로 하여금 하나님을 깨닫게 하고, 영원한 삶을 얻게 해준 하나님의 놀라운 복음, 그리스도인에게 이 복음보다 더 중요한 사건이 어디 있습니까?

그렇다면, 이 복음외에 어떤 것도 내 발걸음을 실망시킬 세력이 없다는 것을 믿어야 합니다.

그렇습니다.

내가 이 복음을 전할 수가 있는 한, 또 이 복음을 전할 수 있는 능력과 사랑과 그리고 지혜가 내게 주어져 있는 한 나는 하늘 아래서 아무것도 두려워 할 필요가 없습니다.

당당하게 가슴을 펴고 삶의 모든 문제 앞에 뛰어들어, 주께서 허락하시는 지혜와 능력과 사랑으로 살라고 바울사도는 도전합니다.

당신은 두려워하십니까?

무엇을 두려워하십니까?

왜 두려워하십니까?

두려워하지 마십시오!